HALTE DAS BLUT WARM

HALTE DAS BLUTWARM: *EINE 30-TÄGIGE ANLEITUNG, UM DEIN HERZ ZU ENTFACHEN*

Copyright © 2020 geschrieben von Peter Louis

Das ursprüngliche Werk sowie diese Übersetzung, sind urheberrechtlich geschützt. Alle Rechte sind ausschließlich dem Autor vorbehalten. Kein Teil des Werkes darf ohne die schriftliche Genehmigung des Autors in irgendeiner Form reproduziert oder unter Verwendung elektronischer Systeme verarbeitet, vervielfältigt oder verbreitet werden.

Bibeltext der Schlachter, Copyright © 2000 Genfer Bibelgesellschafft, wiedergegeben mit freundlicher Genehmigung. Alle Rechte vorbehalten; oder *Bibeltext der Neuen Genfer Übersetzung – Neues Testament und Psalmen, Copyright © 2011 Genfer Bibelgesellschaft, wiedergegeben mit freundlicher Genehmigung. Alle Rechte vorbehalten.*

Einzelne Bibelstellen enthalten kursiv geschriebene Wörter, um diese hervorzuheben.

Deutsche Übersetzung von David Siegel.

ISBN-13: 978-1-955546-01-0

Eine Veröffentlichung von Braveheart Ministries

|| www.braveheartministries.org

*Gedruckt in Deutschland

HALTE DAS BLUT WARM
EINE 30-TÄGIGE ANLEITUNG, UM DEIN HERZ ZU ENTFACHEN

PETER K. LOUIS

INHALT

Einleitung vii
Gebrauchsanweisung xi

Ein Schatten der Dinge, die angekündigt wurden 1
Priester des Neuen Bundes 5
Geistliches Opfer 9
Geistliche Nahrung 13
Der Tisch des Herrn 17
30 Tage 20

Weitere Bücher von Peter Louis 81
Über den Autor 83

EINLEITUNG

In der heutigen Welt, die voller Ablenkungen steckt, ist es wichtiger als je zuvor einen Rhythmus der Ruhe und des Gedenkens in seinem Alltag zu etablieren. Mit Gedenken ist hier gemeint, in die eigene Vergangenheit zu blicken, um darin die Treue Gottes neu zu erkennen. Dieses Gedenken wird uns unabhängig von unserer momentanen Situation, mit dem Namen, der Größe und Güte Gottes in Verbindung bringen. Wir befinden uns in einem täglichen Kampf! In einem Kampf um unsere Aufmerksamkeit und unser Investment! Denn worauf auch immer wir unsere Aufmerksamkeit richten, das verehren wir... und wir werden zu dem, was wir verehren!

Wenn wir dem Feind erlauben, einen Einfluss darauf zu haben, was wir uns anschauen und worauf wir unsere Aufmerksamkeit richten, geben wir ihm Zugang zu unseren Emotionen. Und wenn der Feind anfängt, unsere Gefühle zu manipulieren, sind wir versucht zu glauben, dass Gott weit von uns entfernt ist, dass er sich nicht um uns kümmert und dass wir von seiner Liebe und Gegenwart getrennt sind. Schließlich werden wir durch unseren

Unglauben taub für Gottes Reden und das nur, weil wir unsere Aufmerksamkeit kontinuierlich anderen Dingen als Jesus gewidmet haben.

Aus diesem Ort der Taubheit herauszukommen kann überwältigend erscheinen. Wir fühlen uns schuldig oder verantwortlich dafür, zugelassen zu haben, dass sich unsere Herzen von Gott entfernen. So verspüren wir immer wieder den Druck uns in ein neues Bewusstsein der Liebe und Gegenwart Gottes einarbeiten zu müssen. Wenn das auf dich zutrifft, möchte ich dir sagen, dass du dieses Buch genau zur richtigen Zeit liest. Gott möchte dir seine Nähe zeigen! Er möchte deine Aufmerksamkeit wieder auf die *Gute Nachricht* lenken, die dich in erster Linie in seine Gegenwart gebracht hat!

In diesem Buch wirst du die Leichtigkeit der *ersten Liebe* erkennen. Die erste Liebe ist Gottes Liebe zu dir und mir, die durch das Kreuz demonstriert wurde. Wie wir sehen werden, ist dieser Akt des Gedenkens ein uralter Brauch, welcher unser Herz und unseren Verstand immer wieder mit der Liebe Gottes verbinden soll. Dies wird zu einer persönlichen Erweckung führen, wodurch alles, was wir sagen und tun, aus Liebe geschieht!

Dieses Buch bietet dir eine 30-tägige Reise, um herauszufinden, was es bedeutet, ein heiliges Priestertum zu sein, *„um geistliche Opfer darzubringen, die Gott wohlgefällig sind durch Jesus Christus"* (1.Petrus 2:5). Wir werden untersuchen, wie die Priester des Alten Testaments ihr tägliches Ritual durchführten, indem sie am Morgen und in der Dämmerung ein Lamm opferten. Dadurch werden wir die kraftvolle Praxis des Gedenkens betrachten und unsere Identität als heiliges Priestertum annehmen.

Die geistliche Disziplin des täglichen Gedenkens, Betens und Empfangen der Liebe Gottes, die durch das erlösende Werk Jesu am Kreuz zum Ausdruck kommt, hat mein Leben verändert.

Indem ich meinen Verstand, mein Herz und meinen Geist täglich mit den Worten Gottes fülle, die das Leiden Christi beschreiben und erklären, habe ich durch den Heiligen Geist Gerechtigkeit, Frieden und Freude in einer neuen Dimension erfahren. Ich habe gelernt, aus dem Brunnen zu trinken, der niemals trocken läuft und von dem Tisch zu essen, der immer sättigt. Mein Wunsch ist es, dich zu diesem Altar, dem Altar Jesu, zu führen und dir zu helfen, jeden Tag von ihm zu essen und zu trinken.

„Wir haben einen Altar, von dem diejenigen nicht essen dürfen, die der Stiftshütte dienen." (Hebräer 13:10 SCH2000)

Durch diese geistliche Disziplin des Gedenkens wurde eine brennende Flamme auf dem Altar meines Herzens entfacht und sie wird niemals erlöschen! (3.Mose 6:6) Es ist diese Flamme, diese Leidenschaft und diese Liebe, die ich mit dir teilen möchte.

GEBRAUCHSANWEISUNG

Jeden Tag erhältst du zwei Bibelverse über das Blut Jesu und sein Werk als Lamm Gottes, das die Sünde der Welt auf sich nimmt! Ein Vers davon ist für den Morgen, der andere für den Abend gedacht. Der Zweck dieses Buches ist es, dir zu helfen, innezuhalten und dein Herz täglich mit der Realität des Kreuzes in Verbindung zu bringen. Positioniere dich neu, um Gott ein wohlriechendes Opfer darzubringen im Gedenken an Jesu Opfer und seine Werke am Kreuz. Unsere geistliche Gesundheit und Befindlichkeit hängen von unserer Fähigkeit ab, uns zu erinnern, zu empfangen und in Gottes Liebe zu verweilen.

1. Beginne jeden Tag damit, den entsprechenden Bibelvers zwei- oder dreimal langsam und laut zu lesen. Dabei kann ich das Wort *langsam* nicht genug betonen. Es handelt sich hierbei nicht um etwas, dass du von deiner Liste abhaken sollst. Du musst dem Heiligen Geist Zeit geben, um das Gelesene in dir zum Leben zu erwecken.
2. Wenn der Vers in irgendeiner Weise beschreibend ist,

nutze deine Fantasie, um in den Text einzutauchen. Nimm dir dafür Zeit. Ich verbringe manchmal 5-10 Minuten damit, über jedes Wort des Verses nachzudenken, bis der Heilige Geist mir etwas zu der Bibelstelle offenbart. Oftmals wird meine Fantasie dadurch angeregt und der Vers erscheint noch greifbarer.
3. Als Nächstes schreiben wir den Vers in Handschrift auf. Dies wird das gelesene Wort vertiefen und dazu beitragen, dass du ihn dir leichter merken kannst.
4. Schreibe zum Schluss ein Dank- oder Lobgebet an Gott auf und nutze als Grundlage dafür den Vers, den du gerade gelesen hast. Nachdem du dieses Gebet aufgeschrieben hast, bete oder singe es dem Vater vor.

Im Anschluss daran, wirst du vielleicht den Drang dazu verspüren, dein Herz durch weiteres Gebet oder Loblieder auszuschütten...Bitte, tue dies!

Zum Beispiel:

„Jetzt aber, in Christus Jesus, seid ihr, die ihr einst fern wart, nahe gebracht worden durch das Blut des Christus." (Epheser 2:13 SCH2000)

Nachdem du den Vers langsam und laut vorgelesen hast, fang an dir vorzustellen, wie es sich anfühlen würde, wirklich nah an Gott zu sein. Wie würdest du dich fühlen? Würdest du Frieden fühlen? Freude? Liebe? Nimm Dir Zeit und denk darüber nach, dass du obwohl du einmal so weit entfernt von Gott warst, ihm nun durch Jesu Blut ganz nah bist! Das sind gute Neuigkeiten!

Schreibe als Nächstes den Vers in handschriftschriftlich auf.

> **Jetzt aber, in Christus Jesus, seid ihr, die ihr einst fern wart, nahe gebracht worden durch das Blut des Christus.**

Zum Schluss, verfasse ein Gebet an Gott...

Vater, danke, dass ich dir durch das Blut Jesu nahe sein darf. Als ich heute Morgen aufwachte, fühlte ich mich dir nicht nahe, aber als ich deine Worte an mich las, wurde ich daran erinnert, dass du mich zu jeder Zeit nah an dich heranziehen möchtest. Deine Nähe ist mein Gewinn. Hilf mir dabei, dass ich mir den ganzen Tag über deiner Nähe bewusst bin. Auch wenn ich mich nicht immer so fühle, weiß ich, dass meine Nähe zu dir auf dem Blut Christi beruht. Danke, dass du mir alle meine Sünden vergeben hast. Ich möchte nie vergessen, wie schön es ist, mit reinem Gewissen vor dir zu leben! Ich liebe dich und bin dir so dankbar für das Blut Jesu. Lass mein Leben, meine Worte und meine Gedanken heute widerspiegeln, wie dankbar ich dafür bin, dir nahe zu sein. Amen.

Bedenke, dass du wahrscheinlich alles richtig machst, wenn es sich so anfühlt als würde es sich wiederholen. Es kann gut sein, dass du nicht sofort etwas spürst oder fühlst. Das ist völlig normal. Genau wie beim Beginn einer Diät oder beim Training wird es einige Zeit dauern, bis die Ergebnisse sichtbar werden. Das Ergebnis, das du mit der Zeit sehen wirst, ist, dass dein Herz für die Liebe Gottes offener wird. Dies kann sich auf ganz unterschiedliche Art und Weise zeigen. Vielleicht wirst du zum ersten Mal seit einer längeren Zeit weinen. Möglicherweise fühlst du, wie die Wärme seiner Gegenwart dich beim Beten umgibt. Oder aber du fängst an seine Stimme, die voller Liebe und Bestätigung ist, zu hören. Du wirst spüren, wie Unsicherheit und Menschenfurcht, die Kraft über dein Leben nach und nach verlieren. Ein tiefes Vertrauen wird in dir wachsen. Einige werden bemerken, dass sich sündige Gewohnheiten wie Lust, Pornografie oder Mediensucht allmählich auflösen. Dies ist die Kraft der Liebe Gottes. Dies ist die Kraft des Evangeliums. Dies ist die Kraft Jesu. Und wenn wir uns jeden Tag Zeit nehmen, um der Liebe Gottes zu gedenken, die durch das Kreuz gezeigt wird, werden wir uns seiner permanenten Gegenwart bewusster. Diese Gegenwart ist es, die uns befähigt, ein christliches Leben in göttlicher Fülle zu führen.

EIN SCHATTEN DER DINGE, DIE ANGEKÜNDIGT WURDEN

„Das ist es aber, was du auf dem Altar opfern sollst: Zwei einjährige Lämmer sollst du beständig darauf opfern, Tag für Tag; das eine Lamm sollst du am Morgen opfern, das andere Lamm sollst du zur Abendzeit opfern."

(2.Mose 29:38-39 SCH2000)

DIE LEVITISCHEN PRIESTER DES ALTEN TESTAMENTS mussten jeden Tag zwei Lämmer opfern. Eins am Morgen und eins zur Abendzeit. Die Leviten des Stammes Israel, welche spezifisch dazu beauftragt wurden, die Tempelaufgaben zu erledigen, waren dazu verpflichtet dies *täglich* zu tun. Als ich diese Bibelstelle eines Morgens las, war ich von dem Vers fasziniert.

Es war, als ob Gott selbst gesagt hätte: *„Stopp, achte ganz genau auf das, was du gerade gelesen hast."* Ich begann mir im Detail vorzustellen, was diese beiden Verse täglich neu für die Priester bedeuteten.

Die Sonne geht gerade über dem Lager Israels auf und das Geräusch von blökenden Lämmern und Ziegen liegt in der Luft. Ein Levit zieht sein Gewand an, erhebt sich aus seinem Zelt und macht sich auf den Weg zur Stiftshütte. Er betritt den Vorhof und sieht den markanten Brandopferaltar. Ein Ort des Schlachtens und der Vergebung.

In demütigem Gehorsam gegenüber den Pflichten des Tempels, ergreift der Levit das einjährige Lamm. Das junge männliche Lamm meckert nervös, während es zum Ort des Opfers getragen wird. Der Priester schnallt das Lamm fest und spürt, wie sich die weiche Wolle und die zarte Haut unter seinem Griff anspannt. Während er dem Lamm die Kehle durchschneidet, stößt es einen letzten lauten Schrei aus, gefolgt von absoluter Stille. Dann beendet er das Opfer, indem er das Blut um den Altar herum vergießt und das Tier auf dem Messinggitter verbrennt.

Diese vom Geist erfüllte Vision spielte sich immer und immer wieder in meinem Kopf ab, als ich mir vorstellte, wie die Priester diese Pflicht Morgen für Morgen und Abend für Abend ausführten. Als ich darüber nachdachte, wie viel körperliche Arbeit dies für den Priester bedeutet haben muss und dass er mehrmals täglich direkt mit dem Tod konfrontiert wurde, war es, als wäre ich aus einem geistlichen Schlaf erwacht. Die Realität ist, dass die Priester das warme Blut des Lammes an ihren Händen spürten und jeden Tag mit dem Gewicht des Opfers verbunden waren. Ob ihre Herzen dadurch belastet wurden oder nicht, der physische Akt, einem Tier das Leben zu nehmen, verband sie auf sehr intime Art und Weise mit dem Opfer.

Daraufhin hörte ich die Stimme des Vaters zu mir sprechen:

> "Wenn sich die Priester des Alten Testaments so tatkräftig für das Blut des Lammes eingesetzt haben, wie viel mehr sollten

meine Priester des Neuen Bundes sich für das Blut meines Sohnes einsetzen?"

Augenblicklich wurde mir klar, wie blind ich für diese Wahrheit gewesen bin. Wie faul ich bislang mit dem Blut Jesu umging! Ein tiefes Schuldbewusstsein traf mich!

Wie viele der christlichen Aktivitäten in meinem Leben waren von einer halbherzigen Routine, anstatt von einer freudigen Reaktion auf das Evangelium geprägt? Wie konnte ich dem größten Liebesakt, den die Welt je gesehen hatte, so stumpf gegenüberstehen?

Ich fing an, mir diese Fragen zu stellen: Was würde es für mich bedeuten, wenn ich mit der ernüchternden Realität des brutalen Todes Jesu am Kreuz in Verbindung bleiben könnte? Wie könnte ich das Blut Jesu in meinem Herzen "warm" halten? Wie könnte ich verhindern, dass ich die Tiefe der Liebe und die Intensität der Leidenschaft Gottes, die sich durch das Kreuz gezeigt hat, vergesse? Wie nehme ich etwas, das mein Verstand auf intellektueller Ebene kennt und wandle es in eine Herzensrealität um? Wie könnte ich, ein Priester Gottes nach dem Neuen Bund, mein Herz mit seinem Opfer in Verbindung halten, um daraus etwas Wertvolles für Gott hervorzubringen? Diese Fragen lösten einen tiefen Hunger in mir aus, zu wissen, wie ich diese Wahrheit in mir lebendig halten kann, die mir mein ganzes Leben lang "beigebracht" wurde.

Dieser Hunger wurde zu mehr als nur einer netten Offenbarung. Es fühlte sich an, als würde Gott mich einladen, an einem antiken Lebensstil teilzunehmen, der ein Bewusstsein Gottes in mein Leben bringen würde, welches ich vorher nie kannte. Eine Einladung als Priester vor Gott in meinen Dienst zu treten. Eine

Einladung, mich für das Blut Jesu Christi eifrig und demütig einzusetzen. Eine Einladung, innig geliebt zu werden und ein Leben in Liebe zu führen.

PRIESTER DES NEUEN BUNDES

Wenn wir davon sprechen, Priester Gottes zu sein, glaube ich, dass viele von uns Schwierigkeiten haben, sich auf dieses Konzept einzulassen, weil wir nicht wirklich wissen, was es bedeutet. Für uns Nichtjuden ist das Priestertum ein altes jüdisches Konstrukt, das keinen konkreten Einfluss auf unser heutiges Leben hat. Wenn wir jedoch genau hinschauen, können wir erkennen, dass dieses alte Amt auch heute noch eine tiefe Bedeutung für uns hat. Denn jeder wiedergeborenen Gläubige wird in ein heiliges Priestertum berufen!

Aber was genau bedeutet dieses Priestertum für uns heute? Wie sieht es in der Praxis aus? Wir wissen, dass Gott mit Brandopfern, die durch den Alten Bund dargebracht wurden, nicht zufriedenzustellen war:

> „Darum hat Christus, als er in die Welt kam, gesagt: »Opfer und Gaben willst du nicht; stattdessen hast du mir einen Leib gegeben. An Brandopfern und Sündopfern hast du kein Gefallen." (Hebräer 10: 5-6 NGÜ)

Wenn das alte Priestertum und die Pflichten, die sie erfüllten, ihm demnach nicht gefielen, worin bestehen dann die Unterschiede zu unserem Priestertum? Schauen wir uns doch einige der Bibelstellen an, die davon sprechen, dass Gläubige des Neuen Testaments zu Priestern werden.

> "so lasst auch ihr euch nun als lebendige Steine aufbauen, als ein geistliches Haus, als ein heiliges Priestertum, um geistliche Opfer darzubringen, die Gott wohlgefällig sind durch Jesus Christus." (1. Petrus 2:5 SCH2000)

> "Ihr jedoch seid das ´von Gott` erwählte Volk; ihr seid eine königliche Priesterschaft, eine heilige Nation, ein Volk, das ihm allein gehört und den Auftrag hat, seine großen Taten zu verkünden – die Taten dessen, der euch aus der Finsternis in sein wunderbares Licht gerufen hat." (1. Petrus 2:9 NGÜ)

> "und uns zu Königen und Priestern gemacht hat für seinen Gott und Vater — Ihm sei die Herrlichkeit und die Macht von Ewigkeit zu Ewigkeit! Amen." (Offenbarung 1:6 SCH2000)

> "Du hast sie zu Mitherrschern gemacht, zu Priestern für unseren Gott, und sie werden einmal auf der Erde regieren." (Offenbarung 5:10 NGÜ)

Ich begann darüber nachzudenken, wie es aussehen würde als Priester im Neuen Bund zu agieren, wobei ich die Umrisse der Priesterpflichten des Alten Bundes als Leitfaden verwendete. Es ist offensichtlich, dass der Neue Bund nicht verlangt, dass wir Tieropfer darbringen, weil Jesus Christus bereits als das Lamm Gottes geschlachtet wurde. Jesu Blut genügte, um für die Sünden der Menschheit zu sühnen und allen, die ihn als Herrn annehmen, Vergebung zu bringen.

Unser Priestertum im Neuen Bund basiert also einzig und allein auf dem Opfer Jesu als Lamm Gottes. Sein Opfer am Kreuz ist die Grundlage und Quelle all unserer geistlichen Tätigkeit als Priester. Was bedeutet das?

Im Bund des Alten Testaments war der Zustand des Opferlammes von großer Bedeutung. Das Lamm musste makellos und ohne jeglichen Fehler sein.

Das Volk Israels geriet oft in Schwierigkeiten mit Gott, weil sie versuchten, mangelhafte oder fehlerhafte Opfer darzubringen. Die Vollkommenheit des Opfers war wichtig, denn wenn das Opfer ein verstümmeltes oder fehlerhaftes Tier war, hatte es keinen Wert. Und Gott etwas zu bringen, das ansonsten weggeworfen worden wäre, galt als Vergehen gegen Gott!

Darum müssen unsere Gaben und Opfer als Priester des Neuen Bundes mit dem vollkommenen Opfer Jesu verbunden und auf diesem gegründet sein. Ein Opfer des Lobes und des Dankes an Gott mit unseren Lippen vorzutragen, während unser Herz und unser Verstand vom Blut Jesu getrennt sind, bedeutet, Gott ein fehlerhaftes Opfer darzubringen. Wenn jedoch unser Herz mit dem Kreuz verbunden ist, durch sein Blut warmgehalten wird und von seiner Liebe erfüllt ist, so wird unser Lob und Dank zu einem duftenden Opfer für ihn! Es ist ein „fremdes Feuer" (3. Mose 10:1 SCH2000), mit kaltem Herzen für Gott zu singen oder ihm zu dienen. Als Priester des Neuen Bundes ist es für uns von größter Bedeutung, zu lernen, unser Herz in der Liebe Gottes zu bewahren, um das überfließende Leben zu haben, das uns versprochen wurde (Johannes 10,10).

Der Zweck dieser 30-tägigen Herausforderung besteht darin, dir zu helfen, in der Liebe Gottes und der Gemeinschaft des Heiligen Geistes täglich zu verweilen. Sie soll dir helfen, das Verstandene aus deinem Kopf in ein tiefes Bewusstsein deines

Herzens zu übertragen. Vielleicht wirst du feststellen, dass diese Taubheit sich fast augenblicklich auflöst. Eventuell dauert es auch einige Wochen. Unabhängig davon, wo du dich befindest, möchte ich dir versprechen:

Wenn du diese Herausforderung annimmst und dich ernsthaft mit diesem Buch auseinandersetzt, wird sich dein Leben verändern. Es wird dich in ein Bewusstsein und eine Erfahrung der Liebe Gottes führen, die dich ganz erfüllen und gleichzeitig dazu bringen wird, nach mehr zu hungern. Wenn Du bereit bist, diese Reise anzutreten, ermutige ich dich, auf die Knie zu gehen und das Folgende zu beten:

"Vater, ich lege die nächsten dreißig Tage meines Lebens vor dich hin und bitte dich, dass du mir begegnest. Erwecke mein Herz für deine Liebe. Ich möcht dir und deiner Liebe gegenüber keinerlei Taubheit zulassen. Ich möchte ein Feuer in mir tragen, dass niemals ausbrennt und niemals kalt wird! Ich bereite mich darauf vor, dich in den nächsten dreißig Tagen innig zu suchen und ich vertraue darauf, dass deine Gnade mich unterstützen und mich treu halten wird. Wenn ich vom Weg abkomme, danke ich dir, dass du mein Herz und meine Aufmerksamkeit liebevoll wieder auf dich richten wirst. Du bist ein guter Vater und ich vertraue dir mit meinem ganzen Herzen."

GEISTLICHE OPFER

Wenn die Priester des Alten Bundes jeden Morgen und Abend ein Lamm opfern sollten, was sollen wir dann als Priester des Neuen Bundes als Opfer darbringen? Die heilige Schrift spricht davon, „geistliche Opfer" darzubringen, die durch Jesus Christus Gott wohlgefällig sind (1. Petrus 2: 5 SCH2000). Wie sehen diese geistlichen Opfer aus? Kurz gesagt, sind Opfer all das, was wir angesichts der Liebe Jesu, welche uns durch das Kreuz bewiesen wurde, *tun* und *sagen*!

WAS WIR TUN:

"Ich habe euch vor Augen geführt, Geschwister, wie groß Gottes Erbarmen ist. Die einzige angemessene Antwort darauf ist die, dass ihr euch mit eurem ganzen Leben Gott zur Verfügung stellt und euch ihm als ein lebendiges und heiliges Opfer darbringt, an dem er Freude hat. Das ist der wahre Gottesdienst, und dazu fordere ich euch au" (Römer 12:1 NGÜ)

"Und vergesst nicht, Gutes zu tun und einander zu helfen! Das sind die Opfer, an denen Gott Freude hat." (Hebräer 13,16 NGÜ)

Als Priester haben wir das Privileg, Gott unseren Körper als lebendiges Opfer darzubringen. Für mich kann sich das in allem was wir mit unserem Körper tun wiederspiegeln. Ob es nun zur Arbeit gehen, unsere Kinder großziehen oder unseren Ehepartner zu lieben ist. Diese Aktivitäten, die wir mit unserem Körper tun, werden zum Lobpreis, wenn wir uns Jesu Werk der Errettung und Versöhnung mit Gott ständig bewusstmachen! Paulus sagte es so: „Ich bin mit Christus gekreuzigt; und nun lebe ich, aber nicht mehr ich [selbst], sondern Christus lebt in mir. Was ich aber jetzt im Fleisch lebe, das lebe ich im Glauben an den Sohn Gottes, der mich geliebt und sich selbst für mich hingegeben hat." (Galater 2:20 SCH2000)

Gutes zu tun und das was wir haben mit unserem Nächsten zu teilen, sind ebenfalls wohlgefällige Opfer vor Gott! Diese Handlungen müssen jedoch im Licht der Liebe Jesu zu uns erfolgen. Wenn wir versuchen, Gutes zu tun und unseren Besitz zu teilen, ohne uns an seine Liebe zu uns zu erinnern und in dieser zu verweilen, dann ist der Zweck unseres Opfers eigennützig. Wir geben, um zu empfangen. Wir tun Gutes, um dafür gelobt zu werden. Dies sind keine wirklichen "Opfer", die Gott wohlgefällig sind, weil sie von seinem Sohn, dem perfekten Lamm, getrennt geschehen.

WAS WIR SAGEN:

"Durch Jesus nun wollen wir Gott ein immerwährendes Dankopfer darbringen: Wir wollen ihn preisen und uns zu seinem Namen bekennen." (Hebräer 13,15 NGÜ)

Gott liebt es, wenn sein Volk ihn preist! Die Psalmen sagen, dass der Herr in dem Lobpreis seines Volkes wohnt! Lob ist so eine mächtige Waffe, weil er die Autorität von Gottes Thron (Rechtschaffenheit und Gerechtigkeit) einlädt, sich dort niederzulassen, wo auch immer wir sind und egal unter welchen Umständen wir uns befinden. Aber nicht jeder Lobpreis ist gleich. Lobpreis ist persönlich. Lobpreis kommt von Herzen. Damit Lobpreis als Lobpreis gilt, muss er mit Jesus verbunden sein. Mit anderen Worten, wenn wir sprechen, singen oder sein Lob deklarieren, müssen wir dies mit einem Herzen tun, welches mit der Realität seines Opfers für uns verbunden ist und darin verbleibt. Dies ist Teil unserer priesterlichen Pflicht, unser Herz unschuldig, lebendig und in der Realität der unerschütterlichen Liebe Gottes zu halten.

Paulus hämmert uns diese Wahrheit ein, indem er sagt: „Wenn ich in Sprachen rede, die von Gott eingegeben sind – in irdischen Sprachen und sogar in der Sprache der Engel –, aber keine Liebe habe, bin ich nichts weiter als ein dröhnender Gong oder eine lärmende Pauke. Wenn ich prophetische Eingebungen habe, wenn mir alle Geheimnisse enthüllt sind und ich alle Erkenntnis besitze, wenn mir der Glaube im höchsten nur denkbaren Maß gegeben ist, sodass ich Berge versetzen kann – ′wenn ich alle diese Gaben besitze, ′ aber keine Liebe habe, bin ich nichts. Wenn ich meinen ganzen Besitz an die Armen verteile, wenn ich sogar bereit bin, mein Leben zu opfern und mich bei lebendigem Leib verbrennen zu lassen, aber keine Liebe habe, nützt es mir nichts." (1.Korinther 13,1-3 NGÜ)

„Liebe zu haben" bedeutet, ein permanentes Bewusstsein der Liebe Gottes zu haben, die durch das Kreuz ausgerückt wird und alles was wir tun und sagen aus diesem Bewusstsein fließen zu lassen. Keine „Liebe zu haben" bedeutet, das Kreuz zu vergessen und taub gegenüber seiner Liebe für uns zu sein. Es ist ein Leben im Unglauben, getrennt von der Liebe Jesu.

GEISTLICHE NAHRUNG

„Ich bin das lebendige Brot, das vom Himmel herabgekommen ist. Wenn jemand von diesem Brot isst, wird er ewig leben. Dieses Brot, das ich ihm geben werde, ist mein Fleisch; ich gebe es hin für das Leben der Welt.« Unter den Juden kam es daraufhin zu einer heftigen Auseinandersetzung. »Wie kann dieser Mensch uns sein Fleisch zu essen geben?«, fragten sie. Jesus aber sagte zu ihnen: »Ich versichere euch: Wenn ihr das Fleisch des Menschensohnes nicht esst und sein Blut nicht trinkt, habt ihr das Leben nicht in euch. Wer mein Fleisch isst und mein Blut trinkt, hat das ewige Leben, und ich werde ihn an jenem letzten Tag auferwecken. Denn mein Fleisch ist die wahre Nahrung, und mein Blut ist der wahre Trank. Wer mein Fleisch isst und mein Blut trinkt, der bleibt in mir, und ich bleibe in ihm. Der Vater, der lebendige ′Gott`, hat mich gesandt, und ich lebe durch ihn. Genauso wird auch der, der mich isst, durch mich leben. Das ist also das Brot, das vom Himmel herabgekommen ist. Bei diesem Brot ist es nicht wie bei dem, das die Vorfahren gegessen haben. Sie sind gestorben;

aber wer dieses Brot isst, wird ewig leben.«" (Johannes 6,51-58 NGÜ)

DAS KREUZ VON JESUS REPRÄSENTIERT EINEN TISCH, einen Altar, wenn man so will, an den Jesus selbst uns jeden Tag unseres Lebens einlädt, damit wir davon essen. Wir wissen heute, dass es in dieser damals schwierigen Predigt darum geht, dass Jesus sein Fleisch und Blut am Kreuz gibt, damit die Sünden der Welt vergeben werden und wir uns wieder mit dem Vater versöhnen können. In dieser Predigt lehrt er uns ein Geheimnis. Es gibt eine Mahlzeit, die am Kreuz gefunden werden kann. Dort gibt es Nahrung für unseren Geist. Wir müssen nur kommen und davon essen.

Aber wie essen wir sein Fleisch und wie trinken wir sein Blut?

Wir müssen uns fragen, was Gott uns durch das Kreuz mitteilen möchte. Was wollte Gott uns damit sagen, dass er seinen Sohn für unsere Sünden hat sterben lassen?

„Ich liebe dich. Mit allem, was ich habe, liebe ich dich. Ich weiß, dass du in Rebellion und Sünde gegen mich lebst, aber ich möchte, dass du weißt, dass ich dich so sehr liebe, dass ich bereit war, meinen eigenen Sohn zu opfern, damit dir vergeben wird, du wieder in meine Familie hineingeboren wirst und die Gemeinschaft mit mir für immer genießen kannst."

Jesus sagt also, dass die Liebe Gottes, ausgedrückt durch das Kreuz, unser geistliches Mahl ist, welches uns nähren und dazu führen soll, dass wir in ihm verweilen. Sein Fleisch zu essen und sein Blut zu trinken bedeutet also, die Liebe Gottes zu empfangen. Es geht darum, sich an die Liebe Gottes zu erinnern, die am

Kreuz gezeigt wurde und seiner Liebe zu erlauben, in dein Herz einzudringen und dein Wesen zu durchrinnen.

Leider lehnen viele von uns Gottes Liebe ab und widersetzen sich ihr, weil wir uns selbst verurteilen. Wir haben eine Liste von Sünden, Mängeln und Fehlern, die uns aus unserer Sicht von seiner Liebe disqualifizieren. Wir denken: "Ich sollte es mittlerweile echt besser wissen." Oder: „Gott ist sicherlich enttäuscht von mir, dass ich diese Versuchung nicht überwinden konnte." Diese Gedanken sind nicht von Gott - sie halten dich davon ab, die Liebe Gottes zu empfangen. Wir müssen umkehren und unsere Gedankenmuster verändern. Gott liebt dich und mich und er demonstrierte diese Liebe, indem er seinen Sohn sandte, damit dieser am Kreuz starb, um Sünde, Krankheit und Tod ein für alle Mal von uns zu nehmen.

In dem Gedenken an die Leiden Jesu, die er in seinen brutalen Tod am Kreuz erlebt hat, werden unsere taub gewordenen Herzen wieder zum Leben erweckt und auf seine göttliche Liebe aufmerksam gemacht. Diese 30-tägige Reise soll dir helfen, dich an sein Kreuz zu erinnern, sein Fleisch zu essen, sein Blut zu trinken und die Liebe Gottes zu empfangen.

DER TISCH DES HERRN

„Denn ich habe von dem Herrn empfangen, was ich auch euch überliefert habe, nämlich dass der Herr Jesus in der Nacht, als er verraten wurde, Brot nahm, und dankte, es brach und sprach: Nehmt, esst! Das ist mein Leib, der für euch gebrochen wird; dies tut zu meinem Gedächtnis! Desgleichen auch den Kelch, nach dem Mahl, indem er sprach: Dieser Kelch ist der neue Bund in meinem Blut; dies tut, sooft ihr ihn trinkt, zu meinem Gedächtnis! Denn sooft ihr dieses Brot esst und diesen Kelch trinkt, verkündigt ihr den Tod des Herrn, bis er kommt."

(1.Korinther 11,23-26 SCH2000)

Bevor du diese 30-tägige Reise beginnst, möchte ich dich dazu ermutigen, jedes Mal Abendmahl zu nehmen, wenn du vor den Herrn trittst. Der physische Akt des Abendmahls wird dir das Werk des Herrn neu vor Augen halten. Indem du das Abendmahl nimmst, empfängst du den Leib und das Blut des Herrn in deinem Körper. Es ist ein Akt des Glaubens, der dir hilft, seine Liebe zu empfangen und seine bleibende Gegenwart zu genießen. Lies die Schriftstelle laut und langsam vor und nimm dann das Brot und den Wein zu dir, während du dich an unseren Herrn und seine glorreiche Tat erinnerst. Du wirst dadurch nicht nur ein großes Wachstum an Gnade in deinem Leben erkennen, sondern auch merken, wie der Feind um dich herum in die Knie gezwungen wird. Denn durch das heilige Abendmahl verkünden wir den Tod des Herrn bis er wiederkommt. Wir verkünden seinen Sieg über die Sünde und den Teufel in jedem Bereich unseres Lebens. Sieg in unseren Beziehungen! Sieg in unseren Finanzen! Sieg in unserer Zukunft!

TAG EINS

∽

MORGEN VERS:

„Jetzt aber, in Christus Jesus, seid ihr, die ihr einst fern wart, nahe gebracht worden durch das Blut des Christus." (Epheser 2:13 SCH2000)

ABEND VERS:

„Durch ihn, der sein Blut für uns vergossen hat, sind wir erlöst; durch ihn sind uns unsere Verfehlungen vergeben. Daran wird sichtbar, wie groß Gottes Gnade ist." (Epheser 1:7 NGÜ)

IMPULS

Ihr, die ihr einst fern wart. Damit das Gewicht dieses Verses dein Herz treffen kann, musst du dich daran erinnern, wie es sich angefühlt hat, weit von Gott entfernt zu sein. Von den Verheißungen des Neuen Bundes getrennt zu sein. Deine Sünde und Zerbrochenheit hat dich geblendet und dazu geführt, dass du dich von einem liebenden Gott abgewandt hast. Jetzt aber wurdest du durch das Blut Jesu in eine tiefe Nähe gebracht. Es ist sein Blut, das diese Nähe möglich macht. Nicht dein gutes Benehmen. Nicht deine Gefühle oder dein Verhalten. Sein Blut. Einzig und allein darauf vertraust du, um die Nähe Gottes während des ganzen Tages zu erfahren und zu genießen. Richte deine Augen auf das Kreuz und halte sein Blut warm in deinem Herzen, dann wirst du in ihm bleiben.

TAG ZWEI

~

MORGEN VERS:

„Ich bin das lebendige Brot, das vom Himmel herabgekommen ist. Wenn jemand von diesem Brot isst, wird er ewig leben. Dieses Brot, das ich ihm geben werde, ist mein Fleisch; ich gebe es hin für das Leben der Welt." (Johannes 6:51 NGÜ)

ABEND VERS:

„Gott aber beweist seine Liebe zu uns dadurch, dass Christus für uns gestorben ist, als wir noch Sünder waren." (Römer 5:8 SCH2000)

IMPULS

Wenn du eine Mahlzeit zu dir nimmst, wird dein Körper genährt. Du kannst spühren, wie sich das Essen in deinem Körper in Energie umwandelt. Es erquickt deinen Körper und gibt ihm Kraft, deine täglichen Aufgaben zu erledigen. Jeder, der schon mal gefastet hat, versteht die Trägheit und Müdigkeit, die der Körper dabei empfindet. Genauso ist es auch mit deinem Geist. Wenn du aufhörst vom Brot Gottes zu essen, wird dein Geist träge und schläfrig. Um unseren Geist zu stärken, müssen wir lernen, uns vom Brot Gottes zu ernähren. Seinen gebrochenen Körper als höchsten Ausdruck der Liebe zu uns zu empfangen. Nimm dir Zeit, um dir über die Qual und die Schmerzen, die Jesus am Kreuz ertrug, Gedanken zu machen. Wenn er so viel ertragen hat, um dir sein Fleisch zu geben, wie tief muss dann seine Liebe zu dir sein?

TAG DREI

~

MORGEN VERS:

„Wir stellen also fest: Genauso, wie eine einzige Verfehlung allen Menschen die Verdammnis brachte, bringt eine einzige Tat, die erfüllt hat, was Gottes Gerechtigkeit fordert, allen Menschen den Freispruch und damit das Leben." (Römer 5:18 NGÜ)

ABEND VERS:

„Oder wisst ihr nicht, was es heißt, auf Jesus Christus getauft zu sein? Wisst ihr nicht, dass wir alle durch diese Taufe mit einbezogen worden sind in seinen Tod?" (Römer 6:3 NGÜ)

IMPULS

TAUFE IN DEN TOD. DEINE TAUFE WAR MEHR ALS EIN öffentliches Bekenntnis oder eine schöne Zeremonie. Es war eine Vereinigung. Deine Sündhaftigkeit, Zerbrochenheit und Verdorbenheit sind dadurch für immer im Grab Jesu begraben. Du kannst dich am Kreuz erfreuen, weil deine Sünden vergeben wurden. Aber du musst auch lernen, dich am Grab selbst zu freuen, denn dort wurde deine Sündhaftigkeit begraben. Ein für alle Mal nahm Jesus dein altes "Betriebssystem" der Sündhaftigkeit und vergrub es im Grab. Als er auferstand, gab er dir ein neues "Betriebssystem" namens Gerechtigkeit. Das sind die Gesetze Gottes, die auf dein Herz und deinen Verstand geschrieben sind. Anstatt alles zu versuchen, um deine Sündhaftigkeit zu überwinden, vertraue einfach darauf, dass sie durch den Tod Jesu ein für alle Mal begraben ist.

TAG VIER

~

MORGEN VERS:

„(...) denn ihr seid gestorben, und euer Leben ist verborgen mit dem Christus in Gott" (Kolosser 3:3 SCH2000)

ABEND VERS:

„(...) und durch ihn das ganze Universum mit sich zu versöhnen. Dadurch, dass Christus am Kreuz sein Blut vergoss, hat Gott Frieden geschaffen. Die Versöhnung durch Christus umfasst alles, was auf der Erde, und alles, was im Himmel ist." (Kolosser 1:20 NGÜ)

IMPULS

Du bist gestorben. Lass das mal eine Sekunde sacken. Jede Zelle von deinem alten Ich ist gestorben. Der Teil von dir, der sich Gott widersetzt...tot. Der Teil von dir, der nach dem Fleisch lechzt...tot. Der Teil von dir, der selbstsüchtig ist...tot. Du bist gestorben. Diese Wahrheit muss im Glauben empfangen werden, bevor die Umsetzung folgen kann. Der Gerechte wird aus dem Glauben leben. Denk einmal an die Bereiche deines Lebens, über die du frustriert bist und von denen du weißt, dass sie Gott nicht gefallen. Denk an generationsübergreifende Sünden und Gewohnheiten, die du von deinen Vorfahren vererbt bekommen hast. Stell dir jetzt alles das vor, verbunden mit dem leblosen Leib Jesu Christi im Grab. Du bist gestorben. Dein Leben ist jetzt in Christus. Christus ist Leben und Sterben ein Gewinn.

TAG FÜNF

~

MORGEN VERS:

„Auch ihr seid darin eingeschlossen. Früher lebtet ihr fern von Gott, und eure feindliche Haltung ihm gegenüber zeigte sich an all dem Bösen, was ihr getan habt." (Kolosser 1:21-22 NGÜ)

ABEND VERS:

„In ihm seid ihr auch beschnitten mit einer Beschneidung, die nicht von Menschenhand geschehen ist, durch das Ablegen des fleischlichen Leibes der Sünden, in der Beschneidung des Christus (...)" (Kolosser 2:11-12 SCH2000)

IMPULS

Das Buch der Sprüche sagt, dass für den Hungrigen sogar das Bittere süß schmeckt. Es passiert etwas, wenn du dir Zeit dafür nimmst, um dich an die Entfremdung von Gott, deine bösen Gedanken und schlechten Taten zu erinnern. Die Bitterkeit jener Tage erinnert dich an den Schmerz und die Dunkelheit, in der du früher gelebt hast. Nimm dir etwas Zeit, um in dieser Dunkelheit zu schwelgen. Denk dann im Geist an das Werk des Kreuzes. Schau auf seinen Körper aus Fleisch und Blut, verletzt und geschlagen für dich. Alle deine Sünden und Übertretungen wurden von dem Sohn Gottes aufgenommen. Es war sein Körper, sein Tod, der dich aus der Dunkelheit ins Licht führte. Gottes großartige Vision für dein Leben ist, dass du heilig und tadellos vor ihm stehst. Wie groß ist die reinigende Kraft des Blutes!

TAG SECHS

~

MORGEN VERS:

„Denn Gott hat uns dazu bestimmt, durch Jesus Christus, unseren Herrn, gerettet zu werden, und nicht dazu, im Gericht verurteilt zu werden. Christus ist ja für uns gestorben, damit wir, wenn er wiederkommt, für immer mit ihm leben – ganz gleich, ob wir bei seinem Kommen noch am Leben sind oder nicht." (1.Thessalonicher 5,9-10 NGÜ)

ABEND VERS:

„(...) wir tragen allezeit das Sterben des Herrn Jesus am Leib umher, damit auch das Leben Jesu an unserem Leib offenbar wird." (2.Korinther 4,10 SCH2000)

IMPULS

IM KÖNIGREICH GOTTES ENTSTEHT DAS LEBEN DURCH DEN TOD. Sei nicht schockiert oder entmutigt von den schmerzhaften Prüfungen in deinem Leben. Verschwende keine gute Herausforderung! Die Gemeinschaft mit Christus in seinem Leiden ist ein großes Privileg und soll dir Leben bringen. Eine Prüfung in einen Segen umzuwandeln ist eine Frage der Perspektive. Du kannst dich beschweren und dich über die Prüfung beklagen oder du kannst dich ihr stellen und sie dem Vater anvertrauen. Herausforderungen führen immer dazu, dass du entweder die Liebe Gottes in Frage stellst oder tiefer in sie hineingehst. Es ist leicht, im Leiden verwirrt zu werden, wenn du das Kreuz aus den

Augen verlierst. Du fängst an, die Liebe Gottes zu hinterfragen. Interessiert er sich wirklich für dich? Geliebtes Kind, lass dich nicht täuschen. Er liebt dich so sehr! Verliere nicht den Glauben und verliere nicht den Mut. Erinnere dich an den Sohn.

TAG SIEBEN

~

MORGEN VERS:

„Ja, mitten im Leben sind wir um Jesu willen ständig dem Tod ausgeliefert, und eben dadurch soll sich in unserem sterblichen Dasein zeigen, dass wir auch am Leben von Jesus Anteil haben." (2.Korinther 4,10 NGÜ)

ABEND VERS:

„'Bei allem` ist das, was uns antreibt, die Liebe von Christus. Wir sind nämlich überzeugt: Wenn einer für alle gestorben ist, dann sind alle gestorben." (2.Korinther 5:14 NGÜ)

IMPULS

WIE WÜRDE DEIN LEBEN AUSSEHEN, WENN ES VON DER Liebe Jesu gelenkt werden würde? Du erinnerst dich vielleicht daran, wie dein Verhalten, von Wut, Lust oder etwas Anderem kontrolliert wurde. Ich lade dich heute dazu ein, dich von der Liebe Jesu kontrollieren zu lassen! Aber wie? Du musst eine Wahrheit erkennen. Diese Angelegenheit darf nicht auf eine andere Art interpretiert werden. Um welche Wahrheit geht es hier? **Dass *der Eine für Alle gestorben ist und daher alle gestorben sind*.** Deshalb bringst du Menschen auch nicht länger mit ihrem Fleisch, ihrer Sünde oder ihrer Selbstsucht in Verbindung. Weil Jesus für dich (und sie) gestorben ist, hast du deine Meinung über die gesamte Menschheit ein für alle Mal geändert. Du wirst in Liebe leben, weil Christus in Liebe gestorben ist. Dies waren die Freude und Zuversicht, die es ihm ermöglichten, das Leiden am Kreuz zu ertragen. Du warst und bist immer seine Freude!

TAG ACHT

~

MORGEN VERS:

„Gnade sei mit euch und Friede von Gott, dem Vater, und unserem Herrn Jesus Christus, der sich selbst für unsere Sünden gegeben hat, damit er uns herausrette aus dem gegenwärtigen bösen Weltlauf, nach dem Willen unseres Gottes und Vaters (...)." (Galater 1:3-4 SCH2000)

ABEND VERS:

„Nicht mehr ich bin es, der lebt, nein, Christus lebt in mir. Und solange ich noch dieses irdische Leben habe, lebe ich im Glauben an den Sohn Gottes, der mir seine Liebe erwiesen und sich selbst für mich hingegeben hat." (Galater 2:20 NGÜ)

IMPULS

Wurdest du wirklich mit Jesus gekreuzigt? Hast du dich in deinem Herzen damit abgefunden? Versuchst du immer noch, Dinge zu überwinden, die vor 2000 Jahren gekreuzigt wurden? Wie viel von deiner Sünde ist dem Kreuz entkommen? Welche Zerbrochenheit konntest du an dem Kreuz des Herrn und seinem Grab vorbeischmuggeln? Wenn deine gesamte Schuld am Kreuz hängt, warum lebst du so, als wäre es nicht so? Du wurdest mit Christus gekreuzigt. Das Leben, das du jetzt im Fleisch lebst, soll in dem Glauben an den Sohn Gottes gelebt werden! Er liebt dich. Er gab sich für dich hin. Lass Hoffnung in deinem Leben aufkommen! Lass deine Zuneigung zur Tiefe und

Größe seiner Liebe erwachen. Werde ruhig in deinem Herzen und wende deine Augen von all den Dingen ab, die dich zu Sünde, Schuld und Scham verleiten. Richte sie auf Jesus.

TAG NEUN

~

MORGEN VERS:

„Christus hat uns losgekauft von dem Fluch des Gesetzes, indem er ein Fluch wurde um unsertwillen (denn es steht geschrieben: »Verflucht ist jeder, der am Holz hängt«)." (Galater 3:13 SCH2000)

ABEND VERS:

„Nun, wer zu Jesus Christus gehört, hat seine eigene Natur mit ihren Leidenschaften und Begierden gekreuzigt." (Galater 5:24 NGÜ)

IMPULS

Vielleicht hast du gerade das Gefühl, als ob du nicht wirklich zu Christus gehörst. Das liegt wahrscheinlich daran, dass du dich von seinem Tisch entfernt hast. Seine Versprechen gelten für diejenigen, die zu ihm gehören und Zugehörigkeit bedeutet, für eine längere Zeit am selben Ort zu sein. Du befindest dich auf der Reise zu lernen, zu Jesus Christus zu gehören. Aber was bedeutet das? Es bedeutet, mit ihm dorthin zu gehen, wo er sich für uns hingegeben hat. Es bedeutet im Glauben, in jeder seiner Tat, die zu unserer Rettung führte, mit ihm verbunden zu sein. Zugehörigkeit bedeutet Zuhause angekommen zu sein und in Ruhe zu leben. Durch deine Zugehörigkeit in Christus wird dein Fleisch gekreuzigt und die Leidenschaften und Lüste, die einst dein Leben beherrschten, werden zerstört. Finde dein Zuhause am Kreuz, am Grab und in der Auferstehung. Das ist dein Zuhause. Das ist der Tisch, von dem du essen sollst, um durch deine Erlösung wachsen zu können.

TAG ZEHN

~

MORGEN VERS:

„Für mich jedoch ist es unmöglich, auf irgendetwas anderes stolz zu sein als auf das Kreuz von Jesus Christus, unserem Herrn. Durch ihn ist die Welt für mich gekreuzigt, und durch ihn bin ich für die Welt gekreuzigt." (Galater 6:14 NGÜ)

ABEND VERS:

„Ja, Christus selbst ist unser Frieden. Er hat die Zweiteilung überwunden und hat aus Juden und Nichtjuden eine Einheit gemacht. Er hat die Mauer niedergerissen, die zwischen ihnen stand, und hat ihre Feindschaft beendet (...)." (Epheser 2:14 NGÜ)

IMPULS

Worauf bist du stolz? Womit rühmst du dich? Prahlerei ist nicht nur eine äußerliche Sache. Prahlen findet überall da statt, wo du etwas aus eigener Kraft tust. Für den Apostel Paul war der Gedanke, sich aus eigener Kraft zu rühmen, ein Gräuel. Sich des Kreuzes von Jesus zu rühmen bedeutet, sich ständig bewusst zu sein, dass all deine Kraft, deine Segnungen und alles Gute in deinem Leben durch die bedingungslose Liebe Gottes, die am Kreuz zum Ausdruck gebracht wurde, zu dir gekommen ist. David sagte: »Du bist mein Herr; es gibt für mich nichts Gutes außer dir!« Deine Fähigkeit Geld zu verdienen, Geschäfte abzuwickeln, zu lieben und zu sprechen, beruht nicht auf deiner natürlichen Stärke. Ist die Welt für dich gekreuzigt und bist du für die Welt gekreuzigt? Beherrscht der Stolz des Lebens und das Verlangen nach Besitz deine Aufmerksamkeit? Nur wenn wir Zeit am Kreuz, in unseren Herzen und Gedanken verbringen, werden diese Begierden des Fleisches besiegt. Es bringt nichts, sich mehr anzustrengen! Es gibt keine spirituelle Liste von Dingen, die zu tun sind. Der Sieg ist in Jesus! Der Sieg liegt im Kreuz. Geh den heutigen Tag langsamer an und lass die Welt für dich und du für die Welt gekreuzigt sein.

TAG ELF

~

MORGEN VERS:

„Dadurch, dass er am Kreuz starb, hat er sowohl Juden als auch Nichtjuden mit Gott versöhnt und zu einem einzigen Leib, der Gemeinde, zusammengefügt; durch seinen eigenen Tod hat er die Feindschaft getötet." (Epheser 2:16 NGÜ)

ABEND VERS:

„(...) und wandelt in der Liebe, gleichwie auch Christus uns geliebt und sich selbst für uns gegeben hat als Darbringung und Schlachtopfer, zu einem lieblichen Geruch für Gott." (Epheser 5:2 SCH2000)

IMPULS

OH, WAS FÜR EINE SCHÖNHEIT UND WELCH EIN LEBEN, IM Wort Gottes verborgen ist! Selbst kurze Verse wie diese, tragen solch ein Gewicht und große Weisheit. Wie eine Karaffe für eine gute Flasche Wein, so ist das Gedenken für das Wort Gottes. Wenn man zur Ruhe kommt, um sich zu besinnen, Gottes Werk der Errettung zu genießen und zu erforschen, wird der Heilige Geist dazu befähigt, die Nuancen und Farben hervorzuheben, die hinter dem Schwarzweiß der Seiten verborgen sind. „Gleichwie auch Christus uns geliebt hat." Wie hat er dich geliebt? Was für eine Art von Liebe ist das? Wer hat dich jemals so perfekt geliebt wie der Herr? Der gesamte Aufruf, ein christliches Leben zu führen, beruht auf dem Satz „gleichwie auch Christus". Die Summe der christlichen Pflichten kann in diesen beiden Worten zusammengefasst werden... „gleichwie Christus". Lass alles was du tust, wie Christus, aus Liebe geschehen. Lass dein Tun ein Spiegel *seines* Lebens sein. Von seiner Liebe. Von seiner Demut und Gnade.

TAG ZWÖLF

~

MORGEN VERS:

„Da rief das ganze Volk: »Die Schuld an seinem Tod soll uns und unseren Kindern angerechnet werden!« Daraufhin gab Pilatus ihnen Barabbas frei. Jesus hingegen ließ er auspeitschen und übergab ihn ´den Soldaten` zur Kreuzigung." (Matthäus 27:25-26 NGÜ)

ABEND VERS:

„Sie zogen ihn aus und hängten ihm einen scharlachroten Mantel um, flochten aus Dornenzweigen eine Krone, setzten sie ihm auf den Kopf und drückten ihm einen Stock in die rechte Hand. Dann knieten sie vor ihm nieder, verspotteten ihn und riefen: »Es lebe der König der Juden!«" (Matthäus 27:28-29 NGÜ)

IMPULS

Ich war taub für das Kreuz und die Liebe Gottes, also bat ich den Herrn, seine Liebe neu in mir zu erwecken und dieses Wissen in eine erfahrbare Realität umzuwandeln. Vom Kopf ins Herz. Ich hörte den Vater sagen: „Zu wissen, was ich für dich getan habe, wird wenig Kraft haben, dein Leben zu verändern. Es sei denn, es ist verbunden mit einem tiefen Verständnis dafür, warum ich es getan habe." Er lud mich dazu ein, das was ich schon immer wusste, noch einmal zu überdenken und ihm diese einfache Frage zu stellen... Warum? Warum hast du das getan? Warum hast du die Verspottung ertragen? Die Schande? Die Peitschenhiebe? Diese Frage nach dem „Warum" hat mich auf eine Reise ins Herz Gottes geführt. In die Leidenschaft Jesu. Während du dich an seine Kreuzigung erinnerst, frage ihn an jedem Schritt den er durchmachen musste: „Warum?".

TAG DREIZEHN

~

MORGEN VERS:

„Sie spuckten ihn an, nahmen den Stock und schlugen ihm damit auf den Kopf. Nachdem sie so ihren Spott mit ihm getrieben hatten, zogen sie ihm den Mantel aus und legten ihm seine eigenen Kleider wieder an. Dann führten sie ihn ab, um ihn zu kreuzigen." (Matthäus 27:30-31 NGÜ)

ABEND VERS:

„Jesus aber sagte: »Vater, vergib ihnen, denn sie wissen nicht, was sie tun.« Die Soldaten warfen das Los um seine Kleider und verteilten sie unter sich." (Lukas 23:34 NGÜ)

IMPULS

HAST DU SCHONMAL ECHTE UNGERECHTIGKEIT ERLEBT? Hat dich jemand, den du von Herzen liebst, einmal im Stich gelassen? Hast du jemals Böses für Freundlichkeit geerntet? Wie hast du reagiert? Vielleicht erinnerst du dich sogar jetzt an Mauern, die du um dich herum gegenüber Angehörigen, die dich betrogen und im Stich gelassen haben, aufgebaut hast. Leute, die dir gegenüber schwer gesündigt haben. Dein Fleisch ist verletzt. Dein Fleisch verlangt Gerechtigkeit und eine Entschuldigung. Du hast beschlossen, dass bevor du Vergebung anbietest, sie zuerst Buße tun und dann ihr Verhalten für einige Zeit ändern müssen, bevor du ihnen vergibst. Geliebter Bruder, geliebte Schwester, diese Haltung ist weltlich und baut ein Gefängnis um dein eigenes Herz auf. Dein Schmerz ist echt, aber erhöhe ihn nicht über den Herrn. Erhöhe diesen Verrat nicht über die Ungerechtigkeit des Kreuzes. Schau dir noch einmal Jesu Gebet am Kreuz an. „Vater, vergib ihnen, denn sie wissen nicht, was sie tun." Vergib, wie der Herr dir vergeben hat.

TAG VIERZEHN

~

MORGEN VERS:

„Jesus trat heraus. Auf dem Kopf trug er die Dornenkrone, und er hatte den Purpurmantel um. Pilatus sagte zu der Menge: »Hier ist er jetzt, der Mensch!« Aber sowie die führenden Priester und ihre Leute Jesus erblickten, schrien sie: »Lass ihn kreuzigen! Lass ihn kreuzigen!« (...)" (Johannes 19:5-6 NGÜ)

ABEND VERS:

„Nachdem er ein wenig von dem Essig genommen hatte, sagte er: »Es ist vollbracht.« Dann neigte er den Kopf und starb." (Johannes 19:30 NGÜ)

IMPULS

Hier ist er jetzt, der Mensch! Jesus wurde vom Vater auf eine Mission geschickt, um die Welt wieder in die Familie Gottes zurückzubringen. Durch seinen Tod wurden unsere Sünden nicht mehr gegen uns aufgewogen. Es war nicht so, dass sie ohne Konsequenzen blieben. All unsere Sünden wurden auf Jesus gelegt. Für jede einzelne Sünde trug Jesus die Konsequenzen... Vergangenheit, Gegenwart und Zukunft. Und als er ausrief: „Es ist vollbracht", deklariert er, dass das Zählen der Sünden vorbei ist. Es gibt kein Zählen mehr. Die Schulden sind getilgt. Es ist, als ob du versuchen würdest, das Meer mit einem Becher leerzuschaufeln. Egal wie oft du den Becher mit Wasser füllst und ausleerst, der Wasserspiegel bleibt unverändert. Deine Sünde, auch die zukünftige, kann das Blut Jesu niemals überwiegen. Also hör auf deine Sünden zu zählen, hör auf, die Sünden deiner Mitmenschen, der Kirche und der Welt zu zählen und beginne damit, Jesus zu preisen! Fang an, Gott zu danken!

TAG FÜNFZEHN

∾

MORGEN VERS:

„Einer von den Soldaten allerdings stach mit der Lanze in seine Seite, worauf sofort Blut und Wasser aus der Wunde traten." (Johannes 19:34 NGÜ)

ABEND VERS:

„Was dann geschah, wusste Gott schon lange im Voraus; er selbst hatte es so geplant: Jesus wurde ´verraten und an euch` ausgeliefert, und ihr habt ihn durch Menschen, die nichts vom Gesetz Gottes wissen, ans Kreuz schlagen und töten lassen. Doch Gott hat ihn aus der Gewalt des Todes befreit und hat ihn auferweckt; es zeigte sich, dass der Tod keine Macht über ihn hatte und ihn nicht festhalten konnte." (Apostel 2: 23-24 NGÜ)

IMPULS

ALS GOTT UND ADAM DIE SCHÖPFUNG DURCHSUCHTEN, UM eine passende Hilfe für Adam zu finden, fanden sie keine. So ließ Gott Adam in einen tiefen Schlaf fallen, öffnete seine Seite und nahm eine Rippe heraus, aus der er eine Frau formte. Diese Frau wurde aus Adams Seite geboren. Knochen aus seinem Knochen und Fleisch aus seinem Fleisch. Als Jesus am Kreuz "eingeschlafen" ist, wurde seine Seite geöffnet und sofort kamen Blut und Wasser herausgeschossen. Wie wird man neu geboren? Ganz klar! Du wirst durch das Blut Jesu wiedergeboren, vollendet durch das Wasser der Taufe! Was für ein herrliches

Bild! So wie Eva aus Adams Seite geboren wurde, wird auch die Braut Christi aus der Seite des zweiten Adam geboren. Dies demonstriert unsere Vereinigung mit Christus auf wundervolle Weise. Unser neuer Ursprung und unser neues Ende. Nimm dir Zeit, um über diese Realität nachzudenken und zu erkennen, dass der Geist Gottes ein tiefes Vertrauen und eine Zugehörigkeit durch dieses Bild in dich einpflanzen möchte. Das Vertrauen, dass du aus Jesus geboren wurdest!

TAG SECHZEHN

~

MORGEN VERS:

„Durch die Taufe sind wir mit Christus gestorben und sind daher auch mit ihm begraben worden. Weil nun aber Christus durch die unvergleichlich herrliche Macht des Vaters von den Toten auferstanden ist, ist auch unser Leben neu geworden, und das bedeutet: Wir sollen jetzt ein neues Leben führen." (Römer 6:4 NGÜ)

ABEND VERS:

„Denn wenn sein Tod gewissermaßen unser Tod geworden ist und wir auf diese Weise mit ihm eins geworden sind, dann werden wir auch im Hinblick auf seine Auferstehung mit ihm eins sein." (Römer 6:5 NGÜ)

IMPULS

Die einzige Lösung für Sündhaftigkeit ist das Grab. Das Wasser der Taufe repräsentiert und veranschaulicht die Tatsache, dass alle unsere Sünden ein für alle Mal begraben und weggewaschen sind. Wenn das Kreuz all unsere Sünden beseitigt, beseitigt das Grab unsere Sündhaftigkeit. So wie Israel trockenen Fußes durch das Rote Meer wandern konnte und der Pharao und sein Heer von den Wassermassen begraben wurden, wurde auch unser sündhaftes Wesen durch den Tod des Herrn begraben. Wenn du versuchst, Freiheit außerhalb einer Identifikation mit dem Kreuz, dem Grab und Jesu Auferstehung zu finden, wandelst du außerhalb des Glaubens. Nimm dir Zeit, um dich an deine Wassertaufe zu erinnern. Als du in das Wasser stiegst, erklärtest du im Glauben, dass all deine Sündhaftigkeit an diesem Tag begraben werden würde. Als du aus dem Wasser kamst, warst du im Geist mit dem Herrn und seiner Auferstehung verbunden. Du hast jetzt die Kraft des Geistes, um ein neues Leben zu führen! Nicht mehr von Sünde, Selbstsucht und Tod kontrolliert, sondern vom Geist Gottes!

TAG SIEBZEHN

~

MORGEN VERS:

„Es gibt nämlich nur einen Gott, und es gibt auch nur einen Vermittler zwischen Gott und den Menschen – den, der selbst ein Mensch ʹgewordenʻ ist, Jesus Christus. Er hat sein Leben als Lösegeld für alle gegeben und hat damit zu der von Gott bestimmten Zeit den Beweis erbracht, dass Gott alle retten will." (1. Timotheus 2:5-6 NGÜ)

ABEND VERS:

„(...) und das ist jetzt, wo Jesus Christus ʹin dieser Weltʻ erschienen ist, Wirklichkeit geworden. Er, unser Retter, hat den Tod entmachtet und hat uns das Leben gebracht, das unvergänglich ist. So sagt es das Evangelium..." (2. Timotheus 1:10 NGÜ)

IMPULS

Es gibt eine tiefe Sehnsucht in jedem wiedergeborenen Gläubigen nach Unsterblichkeit und Leben. Wir rebellieren instinktiv gegen den Gedanken an den Tod und wissen, dass wir nie dafür geschaffen wurden. Durch Jesu Wirken in dieser Welt, wird diese Sehnsucht tief in unserem Geist bestätigt. Er triumphierte durch das Kreuz über den Tod und entwaffnete durch seine wunderbare Erlösung den Teufel. Für den Gläubigen wurde der Tod abgeschafft. Die dominierende Herrschaft der Angst, die uns gefangen hielt, gibt es nicht mehr. Denn wer gestorben ist, ist frei von Sünde. Wie kann der Tod diejenigen einschüchtern, die mit Christus gestorben sind und durch den Heiligen Geist mit ihm verbunden sind? Du wurdest von Gott für das Leben und die Unsterblichkeit geschaffen. Wenn du jedoch mit der Realität des Todes konfrontiert wirst, wirst du versucht sein, zu zweifeln, dich zu fürchten und den Mut zu verlieren. Denk daran, dass Jesus die Schlüssel zum Totenreich besitzt, dass er den Teufel ein für alle Mal überwunden hat und dass Leben und Unsterblichkeit jetzt unser Erbe in ihm sind.

TAG ACHTZEHN

~

MORGEN VERS:

„ˈEs heißtˋ ja – und auf dieses Wort ist Verlass – : »Wenn wir mit ihm gestorben sind, werden wir auch mit ihm leben." (2. Timotheus 2:11 NGÜ)

ABEND VERS:

„(...) der sich selbst für uns hingegeben hat, um uns von aller Gesetzlosigkeit zu erlösen und für sich selbst ein Volk zum besonderen Eigentum zu reinigen, das eifrig ist, gute Werke zu tun." (Titus 2:14 SCH2000)

IMPULS

Im Königreich Gottes führt der Tod immer zum Leben. Wenn der Bauer seine Ernte erntet, tötet er dadurch zwar die Pflanzen, sammelt jedoch auch Nahrung, um seiner Familie und Anderen Leben zu geben. Wenn du mit Christus gestorben bist, wirst du auch mit ihm leben. Es ist ein großes "wenn". Lebst du so, als wärst du tot für die Sünde oder versuchst du immer wieder, mit deinem alten 'Ich' zu ringen? Vertraust du darauf, dass sein Kreuz deine Zerbrochenheit ein für alle Mal besiegt hat oder hast du das Bedürfnis, seine Arbeit auf eigene Faust vollenden zu müssen? Geschwister, hört auf zu versuchen, das Werk Jesu zu erweitern und empfangt es so, wie es ist. „Der Gerechte wird leben, weil er glaubt". Mit Christus zu leben bedeutet, mit Gerechtigkeit, Frieden und Freude zu leben. Mit

Christus zu leben bedeutet, mit Liebe, Macht und Autorität zu leben. Mit Christus zu leben ist dein Erbe. Lass durch den Glauben sein Auferstehungsleben zu deinem eigenen werden.

TAG NEUNZEHN

~

MORGEN VERS:

„Doch dann ist die Güte Gottes, unseres Retters, und seine Liebe zu uns Menschen sichtbar geworden, und er hat uns gerettet – nicht etwa, weil wir so gehandelt hätten, wie es vor ihm recht ist, sondern einzig und allein, weil er Erbarmen mit uns hatte. Durch das Bad der Wiedergeburt hat er den Schmutz der Sünde von uns abgewaschen und hat uns zu neuen Menschen gemacht. Das ist durch die erneuernde Kraft des Heiligen Geistes geschehen..." (Titus 3:4-5 NGÜ)

ABEND VERS:

„Weil nun aber alle diese Kinder Geschöpfe aus Fleisch und Blut sind, ist auch er ein Mensch von Fleisch und Blut geworden. So konnte er durch den Tod den entmachten, der mit Hilfe des Todes seine Macht ausübt, nämlich den Teufel, und konnte die, deren ganzes Leben von der Angst vor dem Tod beherrscht war, aus ihrer Sklaverei befreien." (Hebräer 2:14-15 NGÜ)

IMPULS

EIN SKLAVE KANN NICHT HINGEHEN, WO AUCH IMMER ER will. Angst ist ein Gefängnis. Angst ist ein Sklaventreiber. Und der Teufel hielt dich einst durch die Angst vor dem Tod als Sklaven. Diese Angst beherrscht alle, die nicht zu Jesus gehören.

Durch das Evangelium wird jedoch eine herrliche Freiheit offenbart! Gottes Sohn nahm demütig Fleisch und Blut an und wurde Mensch. Der Ewige Gott, demütigte sich, um eine körperliche Form anzunehmen und war an Zeit, Raum sowie alle anderen Einschränkungen und Verwundbarkeiten der Menschheit gebunden. Er wurde zu Fleisch und Blut, damit er den Tod für dich ertragen konnte. Durch seinen rechtswidrigen Tod wurde der Teufel zerstört. Obwohl dieser einst die Macht des Todes hatte, besitzt er sie heute nicht mehr. Nimm dir bewusst Zeit, um Jesus für seinen Sieg über den Teufel zu preisen. Danke ihm für seinen Triumph. Freue dich über dein Heil!

TAG ZWANZIG

~

MORGEN VERS:

„Und was ihm den Weg ins Heiligtum öffnete, war nicht das Blut von Böcken und Kälbern, sondern sein eigenes Blut. Ein einziges Mal ist er hineingegangen, und die Erlösung, die er bewirkt hat, gilt für immer und ewig." (Hebräer 9:12 NGÜ)

ABEND VERS:

„Nun reinigt zwar auch das Blut von Böcken und Stieren, aber dabei handelt es sich nur um eine äußerliche Reinheit. Und nicht anders ist es, wenn die, die unrein geworden sind, mit der 'in Wasser aufgelösten' Asche einer jungen Kuh besprengt werden. Das Blut Christi jedoch hat eine unvergleichlich größere Wirkung. Denn als Christus sich selbst, von Gottes ewigem Geist geleitet, Gott dargebracht hat, war das ein Opfer, dem kein Makel anhaftete. Deshalb reinigt uns sein Blut bis in unser Innerstes; es befreit unser Gewissen von der Belastung durch Taten, die letztlich zum Tod führen, sodass es uns jetzt möglich ist, dem lebendigen Gott zu dienen. " (Hebräer 9:13-14 NGÜ)

IMPULS

Als Priester des neuen Bundes wurdest du für Nähe und Intimität gemacht. Du wurdest dazu erschaffen, dich Gott zu nähern und ihn für immer zu genießen. In seiner Gegenwart ist die Fülle der Freude. Fehlt dir Freude? Dann fehlt dir das Bewusstsein der Nähe. Denn es ist unmöglich, in der Gegenwart

Gottes zu sein und keine Freude zu haben. Aber wie nähert man sich Gott eigentlich? Du weißt sicherlich, dass die Priester des alten Bundes das Allerheiligste nur einmal im Jahr und niemals ohne Blutvergießen betreten durften. Jesus ist jedoch mit seinem eigenen Blut in das wahre Allerheiligste eingetreten und hat einen Weg geschaffen, damit wir uns Gott nähern können. Es ist dieses Bewusstsein seines Blutes, welches dem Blut von Lämmern und Ziegen weit überlegen ist, wodurch es uns nun jederzeit möglich ist, die Gegenwart Gottes zu genießen.

TAG EINUNDZWANZIG

~

MORGEN VERS:

„Überhaupt ist nach dem Gesetz fast jedes Mal Blut nötig, wenn etwas gereinigt werden muss, und ohne das Blut eines Opfers gibt es keine Vergebung." (Hebräer 9:22 NGÜ)

ABEND VERS:

„Andernfalls hätte er ja seit der Erschaffung der Welt schon viele Male leiden ′und sterben` müssen. Tatsache jedoch ist, dass er nur einmal in die Welt kam – jetzt, am Ende der Zeiten –, um uns durch das Opfer seines eigenen Leibes von der Sünde zu befreien." (Hebräer 9:26 NGÜ)

IMPULS

Hältst du dich selbst für rein? Schaust du dich im Spiegel an und lächelst über das Gefäß der Ehre, zu dem du geworden bist? Alles an dir ist durch das Blut gereinigt. Hast du dich jemals gefragt, wie der Heilige Geist in deinem sterblichen Körper wohnen kann und du dennoch nicht sterben musst? Welche Reinheit muss Jesu Blut in dein Leben gebracht haben, damit du zum Tempel des Heiligen Geistes werden konntest! Geliebter Mensch, wenn du deine Augen von seinem Blut abgewandt hast, wenn du für seine Kraft blind geworden bist, wende dich wieder der kostbaren Reinigungskraft von Jesu Blut zu. Bring deine Makel vor ihn, deine Schwächen, Sünden und deine Schande. Lass es zu, dass sein Blut dich heute neu überflutet. Bewundere ihn. Bete ihn an. Nähere dich ihm.

TAG ZWEIUNDZWANZIG

~

MORGEN VERS:

„Und weil Jesus Christus den Willen Gottes erfüllt und seinen eigenen Leib als Opfer dargebracht hat, sind wir jetzt ein für alle Mal geheiligt." (Hebräer 10:10 NGÜ)

ABEND VERS:

„Denn mein Fleisch ist wahrhaftig Speise, und mein Blut ist wahrhaftig Trank. Wer mein Fleisch isst und mein Blut trinkt, der bleibt in mir und ich in ihm." (Johannes 6:55-56 SCH2000)

IMPULS

Dies ist der Tisch, an den du lernen musst, zu kommen. Dies ist die Mahlzeit, von der du anfangen musst, dich zu ernähren. An den Tisch zu kommen bedeutet, sich an sein Werk auf Golgatha zu erinnern. Vom Tisch zu essen bedeutet, dass seine Liebe dein tiefstes Sein durchdringen darf. Zum Tisch zu kommen bedeutet, dein Herz daran zu erinnern, dass Jesus so viel auf sich genommen hat, um dir seine Liebe zu demonstrieren. Sich von seinem Fleisch zu ernähren und sein Blut zu trinken, bedeutet, dass die Liebe Gottes durch den Heiligen Geist in dein Herz gegossen wird, damit du davon trinken kannst. Damit du ihn aufnehmen kannst und ihm dadurch immer ähnlicher wirst. Die Offenbarung seiner Leidenschaft für dich besteht darin, dass du den Herrn selbst empfangen kannst.

Durch dieses Empfangen des Herrn, wirst du entdecken was es heißt, geistliche Frucht zu tragen.

TAG DREIUNDZWANZIG

~

MORGEN VERS:

„Und dann heißt es weiter: »Ich werde nie mehr an ihre Sünden und an ihren Ungehorsam gegenüber meinen Geboten denken.« Wo aber die Sünden vergeben sind, ist kein weiteres Opfer mehr dafür nötig." (Hebräer 10:17-18 NGÜ)

ABEND VERS:

„Wir haben jetzt also, liebe Geschwister, einen freien und ungehinderten Zugang zu Gottes Heiligtum; Jesus hat ihn uns durch sein Blut eröffnet. Durch den Vorhang hindurch – das heißt konkret: durch das Opfer seines Leibes – hat er einen Weg gebahnt, den bis dahin noch keiner gegangen ist, einen Weg, der zum Leben führt." (Hebräer 10:19-20 NGÜ)

IMPULS

Denkst du manchmal über deine Sünden nach? Erinnert dich der Teufel manchmal an die Gründe, warum Gott dich nicht lieben sollte? Bringen Familienmitglieder gerne deine Fehler und Probleme der Vergangenheit zur Sprache? Wenn dies so ist, dann lass diese Worte tief in dein Herz sinken; Gott erinnert sich nicht an deine Sünden oder deinen Ungehorsam gegenüber seinen Geboten! Weil Christus am Kreuz für das alles zur Rechenschaft gezogen wurde, ist der Vater zufrieden. Er ist sowohl gerecht als auch der Rechtfertiger derjenigen, die an Jesus glauben! **Sich an deine Sünden zu erinnern bedeutet, das Kreuz zu vergessen.** Lebe keinen weiteren Tag im

Schatten deiner Vergangenheit. Du bist nicht dazu verpflichtet, für das zu bezahlen, was du in der Vergangenheit getan hast - Christus hat das bereits getan. Wenn es einen Teil deiner Vergangenheit gibt, der dich immer noch verfolgt, lasse Gottes Vergesslichkeit zu deiner eigenen werden.

TAG VIERUNDZWANZIG

~

MORGEN VERS:

„Ihr wisst doch, dass ihr freigekauft worden seid von dem sinn- und ziellosen Leben, das schon eure Vorfahren geführt hatten, und ihr wisst, was der Preis für diesen Loskauf war: nicht etwas Vergängliches wie Silber oder Gold, sondern das kostbare Blut eines Opferlammes, an dem nicht der geringste Fehler oder Makel war– das Blut von Christus." (1 Petrus 1:18-19 NGÜ)

ABEND VERS:

„(...) er, der unsere Sünden an seinem eigenen Leib ans Kreuz hinaufgetragen hat, sodass wir jetzt den Sünden gegenüber gestorben sind und für das leben können, was vor Gott richtig ist. Ja, durch seine Wunden seid ihr geheilt." (1 Petrus 2:24 NGÜ)

IMPULS

Ist dir eigentlich bewusst, wie wertvoll du bist? Auch wenn niemand auf dieser Welt es so wahrnehmen oder erkennen mag, bist du viel kostbarer als du dir vorstellen kannst! Gott hielt es für eine gute Entscheidung, das Blut seines Sohnes zu vergießen, um dich zurück in seine Familie zu bringen. Du wurdest freigekauft. Du bist kein Waisenkind mehr. Du bist nicht verlassen, allein oder vergessen. Die Sünden, die deine Eltern gegen dich begangen haben, definieren nicht, wer du bist. Du bist nicht deine Vergangenheit. Du bist nicht dazu bestimmt, in die Fußstapfen deiner Vorfahren zu treten, weil du eine neue Blutlinie erhalten hast, eine neue Familie. Nimm dir Zeit und danke Jesus dafür, dass er dir einen neuen Stammbaum gegeben hat. Du musst nicht mehr hart kämpfen, um die Sünden deiner Familie zu überwinden, du bist ein Kind Gottes.

TAG FÜNFUNDZWANZIG

∽

MORGEN VERS:

„Christus selbst hat ja ebenfalls gelitten, als er, der Gerechte, für die Schuldigen starb. Er hat mit seinem Tod ein für alle Mal die Sünden der Menschen gesühnt und hat damit auch euch den Zugang zu Gott eröffnet. Ja, er wurde getötet, aber das betraf nur sein irdisches Leben, denn er wurde wieder lebendig gemacht zu einem Leben im Geist." (1. Petrus 3:18 NGÜ)

ABEND VERS:

„Christus hat also am eigenen Leib erfahren, was Leiden heißt. Macht euch daher seine Einstellung zu eigen, damit ihr für alle Herausforderungen gewappnet seid. Denn wer seinetwegen körperliche Schmerzen auf sich nimmt, der hat mit der Sünde gebrochen und ist entschlossen, sich in der Zeit, die ihm hier auf der Erde noch bleibt, nicht mehr von menschlich-selbstsüchtigen Wünschen bestimmen zu lassen, sondern vom Willen Gottes." (1. Petrus 4:1-2)

IMPULS

IM KÖNIGREICH GOTTES BEWAFFNEN WIR UNS, INDEM WIR ein Bewusstsein vom Leiden Jesu ständig in unser Denken einbinden! Aber warum müssen wir unser Denken überhaupt bewaffnen? Weil genau hier unsere Schlachten ausgetragen werden! Die Welt, dein Fleisch und der Teufel versuchen ständig, deine Gedanken auf etwas Anderes als Christus zu lenken. Vor allem dann, wenn du auf irgendeine Weise leidest! Wenn dir jedoch Jesu Leiden ständig bewusst sind, gibt das deinen Gedanken vom Geist erfüllte Munition. So kannst du Entmutigung, Verzweiflung, Unglauben und Hoffnungslosigkeit abschießen. Wie? Indem du erkennst, dass Christus auch gelitten hat und dass das, was mit dir geschieht, nicht seltsam oder ungewöhnlich, sondern eine Gelegenheit für dich ist, mit ihm in seinem Leiden Gemeinschaft zu haben!

TAG SECHSUNDZWANZIG

~

MORGEN VERS:

„Geliebte, lasst euch durch die unter euch entstandene Feuerprobe nicht befremden, als widerführe euch etwas Fremdartiges; sondern in dem Maß, wie ihr Anteil habt an den Leiden des Christus, freut euch, damit ihr euch auch bei der Offenbarung seiner Herrlichkeit jubelnd freuen könnt." (1. Petrus 4:12-13 SCH2000)

ABEND VERS:

„Doch wer das alles nicht hat, der ist so kurzsichtig, dass er wie ein Blinder ′im Dunkeln umhertappt`. Ein solcher Mensch hat vergessen, dass er vom Schmutz seiner früheren Sünden gereinigt wurde." (2. Petrus 1:9 NGÜ)

IMPULS

Als Jesus seinen Dienst begann, zitierte er Jesaja 61. Dieses Kapitel spricht von seiner Salbung, den Armen die frohe Botschaft zu verkünden, den Blinden sehend zu machen und den Unterdrückten die Freiheit zu schenken. Viele von uns haben vergessen, was es bedeutet von unseren früheren Sünden freigesprochen zu sein. Vielleicht bist du kalt und taub gegenüber der Herrlichkeit der Erlösung geworden. Diese Vergesslichkeit hat dann eine geistliche Blindheit in dir erzeugt. Ich möchte dich ermutigen; Jesus öffnet auch heute noch die Augen der Blinden! Nimm dir heute Zeit und erkenne deine Blindheit vor ihm an.

Sag ihm, dass du vergessen hast, wie wunderbar es ist, von deiner Sünde gereinigt zu werden. Wenn du es nicht vergessen hast, dann bitte ihn einfach, deine Augen noch mehr dafür zu öffnen und dir zu helfen, leidenschaftlich und lebendig für die reinigende Kraft seines Blutes zu bleiben.

TAG SIEBENUNDZWANZIG

~

MORGEN VERS:

„(...) und er ist das Sühnopfer für unsere Sünden, aber nicht nur für die unseren, sondern auch für die der ganzen Welt." (1.Johannes 2:2 SCH2000)

ABEND VERS:

„Und ihr wisst, dass Jesus ′in dieser Welt` erschienen ist, um die Sünden ′der Menschen` wegzunehmen, und dass er selbst ohne jede Sünde ist." (1.Johannes 3:5 NGÜ)

IMPULS

Es gibt Menschen um dich herum, die nicht wissen, dass Jesus Christus für ihre Sünden bezahlt hat. Du bist dazu erschaffen, ein Botschafter der guten Nachricht zu sein! Sein Sühnopfer deckt nicht nur deine Freunde und Familie ab, sondern die Sünden der ganzen Welt. Blind wandern sie umher, immer noch gefangen in ihrer Sünde, weil ihnen nichts davon gesagt wurde. Das Einzige, was zählt, ist der Glaube, der sich durch Liebe ausdrückt. Dein heutiger Akt der Liebe ist es, diese gute Nachricht mit denen zu teilen, die zuhören wollen. Erinnere sie leidenschaftlich daran, dass ihre Sünden bezahlt wurden! Gib ihnen die Gelegenheit, Jesus Christus in ihr Leben einzuladen! Nimm dir heute etwas Zeit und bitte den Heiligen Geist darum, dich zu jemandem zu führen, der diese gute Nachricht hören muss.

TAG ACHTUNDZWANZIG

~

MORGEN VERS:

„Darin besteht die Liebe — nicht dass wir Gott geliebt haben, sondern dass er uns geliebt hat und seinen Sohn gesandt hat als Sühnopfer für unsere Sünden. Geliebte, wenn Gott uns so geliebt hat, so sind auch wir es schuldig, einander zu lieben." (1.Johannes 4:10-11 SCH2000)

ABEND VERS:

„Er, Jesus Christus, der als Mensch zu uns kam, wurde in zweifacher Weise als Sohn Gottes bestätigt: bei seiner Taufe und bei seinem Opfertod – mit anderen Worten: durch Wasser und durch Blut. Wohlgemerkt: nicht nur durch das Wasser, sondern durch das Wasser und durch das Blut. Und diese Bestätigung kommt vom Geist Gottes selbst, und der Geist ist die Wahrheit." (1.Johannes 5:6 NGÜ)

IMPULS

Den Gott der Liebe ohne Liebe zu repräsentieren ist Heuchelei. Dass wir wirklich lernen, vom Tisch des Herrn zu essen, zeigt sich in einem Herz, das sich darum bemüht, seinen Nächsten zu lieben. Du musst den Fluss fließen lassen! Wenn du Gottes bedingungslose Liebe empfängst und sie dennoch nicht in Wort und Tat gegenüber deinen Mitmenschen ausdrückst, wirst du zu einem Sumpf. Frisches Wasser fließt hinein, aber nie heraus. Möge es niemals so sein! Voller Liebe zu leben ist die höchste Berufung, weil es bedeutet, wie unser Herr zu werden. Du hast vom Tisch des Herrn gegessen, damit auch du die Stunde des Verrats und der Ungerechtigkeit ertragen kannst. Vergib, wie der Herr dir vergeben hat. Liebe, wie der Herr dich geliebt hat.

TAG NEUNUNDZWANZIG

~

MORGEN VERS:

„Was wir verstehen müssen, ist dies: Der Mensch, der wir waren, als wir noch ohne Christus lebten, ist mit ihm gekreuzigt worden, damit unser sündiges Wesen unwirksam gemacht wird und wir nicht länger der Sünde dienen." (Römer 6:6 NGÜ)

ABEND VERS:

„(...) denn wer gestorben ist, der ist von der Sünde freigesprochen." (Römer 6:7 SCH2000)

IMPULS

Gott sorgt immer wieder für Situationen, in denen wir beweisen können, dass wir nicht nur darüber reden was wir glauben, sondern auch danach handeln. Wenn du deine Kreuzigung mit dem Herrn annimmst, wirst du vermutlich Ungerechtigkeiten ausgesetzt werden. Wahrscheinlich werden Leute sich auf die Art und Weise bei dir versündigen, die deinen Glauben am meisten auf die Probe stellt. Obwohl der Schmerz real ist, musst du ihn genau wie Jesus vor den Vater bringen und den Kelch annehmen, den er dich trinken lässt. Du wirst seinen Kelch des Leidens trinken und in die Herrlichkeit seiner Auferstehung eintreten. Der Schlüssel liegt darin, sich daran zu erinnern, dass diejenigen, die gegen dich sündigen, dies tun, weil sie selbst nicht wissen, wer sie sind. Liebe ist geduldig. Der erste Schritt der Liebe besteht also darin, Geduld zu zeigen. Liebe ist gütig. Der zweite Schritt der Liebe besteht darin, Güte anzubieten, selbst in ihren Sünden gegen dich, in dem Wissen, dass Gottes Güte die Menschen zur Umkehr führen wird. Bitte Gott darum, dir zu erlauben, andere so zu sehen, wie er es tut. Danke ihm dafür, dass er dir inmitten deiner Sünde und Rebellion Güte und Barmherzigkeit gezeigt hat und bitte ihn um die Gnade, dasselbe zu tun.

TAG DREISSIG

~

MORGEN VERS:

„Verachtet war er und verlassen von den Menschen, ein Mann der Schmerzen und mit Leiden vertraut; wie einer, vor dem man das Angesicht verbirgt, so verachtet war er, und wir achteten ihn nicht." (Jesaja 53:3 SCH2000)

ABEND VERS:

„Fürwahr, er hat unsere Krankheit getragen und unsere Schmerzen auf sich geladen; wir aber hielten ihn für bestraft, von Gott geschlagen und niedergebeugt. Doch er wurde um unserer Übertretungen willen durchbohrt, wegen unserer Missetaten zerschlagen; die Strafe lag auf ihm, damit wir Frieden hätten, und durch seine Wunden sind wir geheilt worden." (Jesaja 53:4-5 SCH2000)

IMPULS

DEIN CHRISTUS IST IN JEDE SCHWÄCHE, JEDE Verwundbarkeit und jeden Schmerz der Erde eingetaucht. Es gibt nichts, was du fühlen kannst, das er nicht auch zutiefst gefühlt hat. Trauerst du? Er kennt das nur zu gut. Bist du verletzt? Er hat tiefe Verletzung erlebt. Fühlst du dich vom Gewicht und der Schuld deiner Sünde überwältigt? So ging es ihm. Bist du krank? Seine Wunden heilen dich. Hör auf, deine Schwächen zu verbergen. Hör auf so zu tun, als ob es dir gut geht. Komm zum Herrn, ohne dich zu verstecken und erlaube dem Lamm Gottes, dein Leben zu berühren. Er verspricht dir Frieden, Heilung und Ganzheit in jedem Bereich deines Lebens.

JETZT WO DU FERTIG BIST

Herzlichen Glückwunsch zum Abschluss dieser 30-tägigen Reise! Ich vertraue darauf, dass dir die Liebe und Gegenwart Gottes bewusster sind als zu Beginn. Die gute Nachricht ist, dass dieser Leitfaden für dich entwickelt wurde, um ihn mehrfach zu nutzen! Jetzt wo du ihn einmal durchgegangen bist, tue es nochmal und versuche dabei, die Verse auswendig zu lernen. Diese Übung des Erinnerns wird schließlich zu einem Teil deines Lebens. Die Liebe Gottes, die sich durch das Kreuz offenbart hat, wird für dich im Laufe des Tages immer präsenter sein. Dies wird sich automatisch darauf auswirken, wie du andere Menschen behandelst, wie du auf Leiden reagierst und wie du die Welt um dich herum liebst.

GNADEN DIAGRAMM

QUELLE DER GNADE	ERGEBNIS DER GNADE
Er wurde gequält und geschlagen. Jesaja 53:4-5 Epheser 2:11-12	Dies geschah für unsere Trauer, Sünden und Missetaten.
Sein Rücken wurde ausgepeitscht. Jesaja 53:5 Matthäus 8:14-17	Dies rettet uns vor Krankheit und Schwäche.
Er trug die Dornenkrone. 1. Mose 3:18 Johannes 19:2	Die Dornen waren ein Zeichen des Fluchs. Hier nimmt Jesus den Fluch der mentalen Probleme, einschließlich Angst und Depression.
Er wurde ans Kreuz genagelt 5.Mose 21:23 1.Petrus 1:18-19	Verflucht ist derjenige der am Holz hängt. Deshalb nimmt Jesus hierbei jeden Fluch von unserem Leben.
Seine Seite wurde durchbohrt 1.Mose 2:21-22 Johannes 19:34 1.Joh 5:7-8	So wie Adams Braut von seiner Seite entstanden ist, so wird auch die Braut Christi durch die Seite des letzten Adams neu geboren.
Er starb und wurde begraben Römer 6 Galater 2:20 2.Korinther 5:17	Dieser Tod befreit uns von der Gefangenschaft unseres Fleisches. Er zerstört unsere sündhafte Natur ein für alle Mal.
Er ist am dritten Tag auferstanden Römer 6 + Römer 8 Epheser 4:17-24	Dies erlaubt uns ein neues Leben, als neue Kreatur zu leben. Wir können nun im Geist wandeln und Beziehung mit ihm leben.

WEITERE BÜCHER VON PETER LOUIS

ÜBER DEN AUTOR

PETER K. LOUIS und seine Frau Kristi leben gemeinsam mit ihren fünf Kindern in Dallas, Texas. Peter ist der Gründer von Braveheart Ministries, einer Organisation, die sich auf die Stärkung und Zurüstung der Kirche fokussiert, damit diese befähigt wird, in Liebe wandeln.

Peter genießt es, Zeit mit seiner Familie zu verbringen, Golf zu spielen und zu angeln. Sein großer Traum ist es, eines Tages auf einer Farm zu leben.

FÜR MEHR INFORMATIONEN ÜBER PETER LOUIS UND BRAVEHEART MINISTRIES GEHE ZU:

BRAVEHEARTMINISTRIES.ORG

BRAVEHEARTMINISTRIES.ORG

www.ingramcontent.com/pod-product-compliance
Lightning Source LLC
Chambersburg PA
CBHW031454040426
42444CB00007B/1100